Robert
Speer

El alcalde constructor de Denver

Robert Speer

El alcalde constructor de Denver

por Stacy Turnbull

Filter Press, LLC
Palmer Lake, Colorado

Robert Speer:
El alcalde constructor de Denver

por Stacy Turnbull

Publicado por Filter Press, LLC, conjuntamente con las
Escuelas Públicas de Denver y Colorado Humanities

ISBN: 978-0-86541-120-:
LCCN: 2011924860

Producido con el apoyo de Colorado Humanities y la Fundación
Nacional para las Humanidades. Las opiniones, resultados,
conclusiones o recomendaciones expresadas en esta publicación,
no representan necesariamente las de la Fundación Nacional para
las Humanidades ni las de Colorado Humanities.

La fotografía de la portada es cortesía de Denver Public Library,
Western History Collection, X-30600.

Impreso en los Estados Unidos de América

Serie Grandes vidas de la historia de Colorado

Para obtener información sobre los próximos títulos a publicarse, comuníquese con *info@FilterPressBooks.com*.

Helen Hunt Jackson por E. E. Duncan

Little Raven por Cat DeRose

Barney Ford por Jamie Trumbull

Doc Susie por Penny Cunningham

Enos Mills por Steve Walsh

William Bent por Cheryl Beckwith

Charles Boettcher por Grace Zirkelbach

Ralph Carr por E. E. Duncan

Josephine Aspinwall Roche por Martha Biery

Robert Speer por Stacy Turnbull

Chief Ouray por Steve Walsh

Zebulon Pike por Steve Walsh

Clara Brown por Suzanne Frachetti

Contenido

*Robert W. Speer (1856–1918) ganó tres veces las elecciones
para alcalde de Denver.*

Una cura en Colorado

Robert Speer nació en Cassville, Pennsylvania, en 1856. Cuando tenía 23 años de edad, Robert Speer vino a Denver desde Pennsylvania. Llegó delgado y pálido. Tenía una enfermedad en los pulmones llamada **tuberculosis**. Su enfermedad lo hacía toser. Se le hacía difícil respirar. Estaba tan enfermo que sus doctores pensaban que se iba a morir. En esa época, muchas personas que tenían tuberculosis venían a Colorado para mejorarse. Speer tenía la esperanza de que el aire fresco y seco lo iba a curar.

No era su primer viaje a Colorado. El año anterior fue a Pueblo con Margaret, su hermana. Ella también sufría de tuberculosis. Sus doctores pensaban que el aire de Colorado la ayudaría a mejorarse. No la ayudó. Robert y Margaret volvieron a Pennsylvania, en donde ella murió a causa de la enfermedad.

El joven, Robert, no estuvo mucho tiempo en Denver cuando vino a Colorado. Se fue a las montañas a trabajar en un rancho. Se acababa de graduar de la universidad y no sabía nada sobre la vida en un rancho. Pasó dos arduos años trabajando como vaquero. Fue el tiempo necesario para curar su tuberculosis. A partir de ese momento, gozó de buena salud y de fuerza. Robert regresó a Denver en 1880 y comenzó a buscar trabajo.

Su primer trabajo en Denver fue en la tienda por departamentos Daniels and Fisher. Vendía alfombras. Le pagaban 8,00 dólares a la semana. Trabajaba arduamente y, justo cuando le iban a ofrecer un aumento de sueldo, renunció para trabajar en **bienes raíces**. Compraba y vendía tierras en Denver para ganar dinero. Le iba bien en su trabajo. Muchas personas se estaban mudando a Colorado y necesitaban lugares para vivir.

Su vida política

En 1880, Speer decidió postularse para un **cargo público**. Fue electo como **secretario municipal** de Denver. El secretario municipal anterior se negaba a irse porque estaba molesto por haber perdido las elecciones. Speer entró por la fuerza a la oficina del secretario y bloqueó la puerta, de forma que nadie pudiera entrar. El antiguo secretario municipal quería que le devolvieran su trabajo. Speer se enteró de que el secretario había hecho cosas ilegales. Había violado la ley y no se le permitiría continuar trabajando como secretario municipal, sin importar cuanto luchara por mantener su trabajo.

En 1882, Robert Speer regresó a Pennsylvania para casarse con Kate Thrush. Kate y Robert se conocieron en la universidad. Él les salvó la vida a Kate y a sus hermanas cuando su bote de remos se volteó en un río. Rescató a Kate y

a su propia hermana y evitó que se ahogaran.
Era un héroe. Después de su matrimonio,
Kate y Robert se fueron a vivir a Denver.

En 1885, el presidente Grover Cleveland
nombró a Speer como jefe de la oficina de
correos de Denver. En su nuevo trabajo estuvo
a cargo de la oficina postal. Fue jefe de la
oficina de correos por seis años.

Durante ese tiempo, los legisladores de
Colorado querían que Denver fuera un
mejor lugar para vivir. Seleccionaron a un
grupo de **ciudadanos** para que ayudaran al
departamento de policía y al de bomberos.
Cuando Speer dejó su trabajo como jefe de
la oficina de correos, se dedicó a ayudar a
este grupo. Los ayudó a mantener un registro
de todas las **cantinas**, de los **jugadores de
apuestas** y de los **estafadores**. Utilizó su
trabajo para recaudar dinero y hacer amigos,
quienes le ayudarían más adelante en su
carrera política. Si la gente le daba dinero a

Speer, él les daba empleos o les permitía abrir cantinas. Si le hacías favores a Speer, él te hacía favores a ti. Estos amigos lo ayudaron a volverse poderoso. Algunas personas pensaban que los métodos de Speer para obtener poder e influencias no eran justos.

En 1904, Speer se postuló para alcalde. No confiaba en que la gente de Denver iba a votar por él. Para que lo eligieran, se aseguró de añadir cerca de 10.000 votos falsos en la urna de votos. Sus enemigos dijeron que Speer usó los nombres de personas que vivían en otras ciudades como si hubieran votado por él, para así poder ganar las elecciones.

El alcalde Speer

Cuando eligieron al alcalde Speer, Denver era una ciudad muy fea. A nadie le importaba cómo lucían los edificios. Muchos edificios de Denver estaban en ruinas. Las casas no tenían césped ni árboles en sus patios. La ciudad tenía pocos parques. El aire estaba lleno de humo y olía a animales de granja. El aire estaba tan sucio que la gente se quejaba de que la ropa se ensuciaba cuando la dejaba secar al aire libre. Denver no tenía banquetas y la mayoría de las calles estaban **sin pavimento.** Muchas personas utilizaban **excusados en la calle** en lugar de los baños dentro de su casa.

El alcalde Speer quería que Denver fuera una ciudad hermosa. Unos años antes, en 1893, visitó la **Columbian Exposition (Exposición Colombiana)** en Chicago. En esa feria, la gente podía ver cómo se pensaba que serían las ciudades del futuro. En lugar de lugares horribles, esas ciudades tenían edificios hermosos y calles agradables. El concepto de que las ciudades podían ser lugares agradables en donde vivir se llamaba "Ciudad Hermosa".

Como alcalde, hizo de Denver un mejor lugar en donde vivir. En la actualidad, podemos ver muchas de sus buenas obras. Él regaló más de 100.000 árboles a las personas dispuestas a plantarlos y cuidarlos. Creó parques en las

Robert Speer durante sus años como alcalde. Construyó tantos edificios y parques nuevos mientras era alcalde, que la gente lo llamaba "Speer el constructor."

montañas para que los ciudadanos tuvieran lugares frescos a donde ir durante el verano. Creó la primera biblioteca pública central. También fue responsable de la construcción del primer edificio en Denver para grandes reuniones. Se le llamó el Municipal Auditorium (Auditorio Municipal). Era lo suficientemente grande como para que el Democratic Party (Partido Demócrata) celebrara en Denver su convención nacional de 1908.

Cortesía de DPL, Western History Collection, X-22191

El alcalde Robert W. Speer, el presidente Theodore Roosevelt y el senador de los Estados Unidos, John F. Shafroth, en Denver, Colorado, probablemente alrededor de 1910. El presidente Roosevelt visitaba Colorado frecuentemente. Le gustaba cazar en las montañas de Colorado.

El alcalde Speer se vestía muy bien. Siempre llevaba un traje, una corbata de moño y un sombrero. Le preocupaba que los ciudadanos de Denver estuvieran sucios y olieran mal. Cuando fue alcalde, sólo la gente rica tenía agua potable en su casa. Construyó un balneario **público** en el que se podía bañar la gente que no tenía tuberías internas para el agua en su casa. También creó sistemas públicos de suministro de agua y alcantarillas para que más personas pudieran tener aguas entubadas o blancas y baños en sus casas.

El alcalde Speer amaba la naturaleza. Se preocupaba por los animales del City Park Zoo (Parque Zoológico de la Ciudad). Muchos estaban encadenados o en jaulas pequeñas. Él hizo cambios en el zoológico para que los animales tuvieran espacios abiertos para vivir. Algunas personas pensaban que preocuparse por los animales era una tontería. Speer también deseaba que hubiera un museo moderno de **historia natural**. Apoyó la construcción de un museo grande y entusiasmó a los hombres de negocios con liderazgo de Denver para que ayudaran a pagar este projecto. El Colorado Museum of Natural History (Museo de Historia Natural de Colorado) abrió sus puertas en 1908. En el año 2000, el nombre del museo fue cambiado a Denver Museum of Nature and Science (Museo de la Naturaleza y las Ciencias de Denver). En la actualidad, a los habitantes de Colorado les gusta visitar el museo y el zoológico.

El alcalde Speer y su esposa nunca tuvieron hijos. Sin embargo, trabajó para mejorar la vida de los niños de Denver. Una de las primeras cosas que hizo fue permitirles a los niños jugar en el césped de los parques. En el pasado, los parques tenían letreros que decían "prohibido pisar el césped". Creó más jardines y parques. Si los parques tenían lagos, les hacía playas de arena y les proporcionaba botes. Denver contaba con algunos de los mejores parques infantiles del país.

Al alcalde Speer le encantaba participar en la política. En esta fotografía, quizá estaba haciendo campaña política o dirigiendo un desfile con líderes de otras ciudades.

Speer sirvió como alcalde durante ocho años. En 1912, decidió no lanzarse como candidato para alcalde porque la gente no estaba feliz con él. Sin embargo, los tres alcaldes que le siguieron tampoco gozaron de popularidad entre los habitantes de Denver. Speer decidió participar en las elecciones para alcalde en 1916. Muchos periódicos escribieron en contra de su reelección. Los editores de los periódicos no lo querían en la alcaldía otra

Robert Speer 11

vez. Muchos hombres de negocios y los ciudadanos pensaban que él no era la mejor opción para ocupar el cargo de alcalde de la ciudad. Sin embargo, en 1916, Speer ganó un tercer término como alcalde.

En 1918, muchas personas de todo el mundo murieron a causa de la gripe conocida como influenza. Murieron cerca de 675.000 estadounidenses. Miles de personas murieron en Denver. El 14 de mayo de 1918, Robert Speer murió a causa de la influenza. Tenía 62 años de edad. La ciudad estaba triste por su muerte. Diez mil personas asistieron a su funeral. Su esposa, Kate, vivió hasta 1956. Murió a la edad de 96 años.

En la actualidad, todavía podemos ver la obra del alcalde Speer. Jugamos en los muchos parques que creó. Disfrutamos de muchos de los hermosos árboles que proporcionó para que los plantaran. Vemos su obra cuando conducimos por el Speer Boulevard

(Bulevar Speer) y cuando visitamos el Museum of Nature and Science (Museo de Ciencias Naturales) en City Park (Parque de la Ciudad). La próxima vez que estén en el centro de Denver, visiten otra de las obras del alcalde Speer, El Civic Center Park (Parque del Centro Cívico). El alcalde Speer murió hace más de 90 años, pero lo que hizo es importante para la ciudad de Denver de hoy.

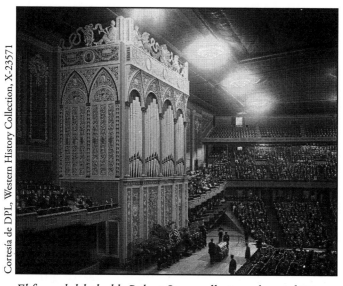

Cortesía de DPL, Western History Collection, X-23571

El funeral del alcalde Robert Speer se llevó a cabo en el Denver Municipal Auditorium (Auditorio Municipal de Denver). El auditorio se construyó en 1908 cuando Speer era alcalde. Diez mil personas asistieron a su funeral.

Preguntas en qué pensar

- ¿De qué enfermedad de los pulmones logró sobreponerse Robert Speer cuando era joven?

- ¿Cuándo fue que Robert Speer aprendió el concepto de Ciudad Hermosa?

- ¿Por qué Robert Speer dijo que la gente de Denver olía y era sucia?

- ¿Cómo logró Robert Speer que Denver se convirtiera en un mejor lugar para vivir?

Preguntas para los Jóvenes Chautauquans

- ¿Por qué se me recuerda (o debo ser recordado) a través de la historia?

- ¿A qué adversidades me enfrenté y cómo las superé?

- ¿Cuál es mi contexto histórico? (¿Qué más sucedía en la época en que yo vivía?)

Glosario

Bienes raíces: parcelas de terreno y los edificios que se encuentran en ellas.

Cantinas: lugares a donde los hombres iban para ingerir bebidas alcohólicas, tales como cervezas.

Cargo público: posición ocupada por una persona que trabaja para el público en general.

Ciudadanos: personas que viven en las ciudades, estados o países.

Columbian Exposition (Exposición Colombiana): celebración nacional que se llevó a cabo en 1893, para conmemorar los 400 años del Descubrimiento de América hecho por Cristóbal Colón. También se le conocía como la Chicago World's Fair (Feria Mundial de Chicago).

Estafadores: personas que roban el dinero de otros por medio de trucos y engaños.

Excusados en la calle: baños ubicados fuera de las casas que no tienen aguas entubadas o blancas.

Historia natural: estudio de la naturaleza, especialmente las plantas y los animales.

Jugadores de apuestas: personas que apuestan dinero en juegos o concursos.

Público: construido para todas las personas o utilizado por todas las personas de una comunidad.

Secretario municipal: la persona que mantiene records de la ciudad y es el secretario de la ciudad.

Sin pavimento: calles que no están pavimentadas; camino de tierra.

Tuberculosis: enfermedad que afecta los pulmones. Antes de la medicina moderna, las personas con frecuencia morían de esta enfermedad.

Línea cronológica

1856
Robert Speer nació en Cassville, Pennsylvania.

1858
Denver se transformó en ciudad.

1876
Colorado se transformó en el estado número 38.

1877
Speer visitó Colorado con su hermana.

1878
Speer se mudó a Colorado.

1880
Speer fue electo como secretario municipal de Denver.

1882
Speer se casó con Kate Thrush.

1885
Speer fue nombrado jefe de la oficina de correos de Denver.

1904
Speer ganó las elecciones para alcalde de Denver. Presta servicio como alcalde durante dos períodos.

1916
Speer ganó las elecciones para alcalde por tercera vez.

1918
Robert Speer murió a causa de la influenza.

Bibliografía

Flynn, Kevin. "Colorado Milestones: Speer's Stamp Indelible." *Rocky Mountain News,* 22 de febrero de 1999.

Johnson, Charles A. *Denver's Mayor Speer.* Denver: Bighorn Books, 1969.

Mills, W.F.R. "The Story of Mayor Speer." *Municipal Facts,* mayo de 1918.

Noel, Thomas J. *Denver, The City Beautiful and Its Architects 1893–1941.* Denver: Denver Historical Society, 1987.

Rohe, Alice. "Mayor Robert W. Speer of Denver." *Human Life.* Vol. VII, no. 4, enero de 1909.

Índice

Bibliografía/Índice

Sobre esta serie

En 2008, Colorado Humanities y el Departamento de Estudios Sociales de las Escuelas Públicas de Denver (DPS) iniciaron una asociación para ofrecer el programa Young Chautauqua de Colorado Humanities en DPS y crear una serie de biografías de personajes históricos de Colorado escritas por maestros para jóvenes lectores. Al proyecto se le llamó "Writing Biographies for Young People." Filter Press se unió al esfuerzo para publicar las biografías en 2010.

Los maestros asistieron a seminarios, aprendieron de conferenciantes y autores Chautauqua de Colorado Humanities y recorrieron tres grandes bibliotecas de Denver: La Biblioteca Hart en History Colorado, el Departamento de Historia del Oeste/Genealogía de la Biblioteca Pública de Denver y la Biblioteca Blair-Caldwell de Investigaciones Afro-americanas. La meta era escribir biografías usando las mismas aptitudes que les pedimos a los estudiantes: identificar y ubicar fuentes de información de alta calidad para la investigación, documentar esas fuentes de información y seleccionar la información apropiada contenida en las fuentes de información.

Lo que tienes ahora en tus manos es la culminación de los esfuerzos de estos maestros. Con esta colección de biografías apropiadas para los jóvenes lectores, los estudiantes podrán leer e investigar por sí solos, aprender aptitudes valiosas para la investigación, y escribir a temprana edad. Mientras leen cada una de las biografías, los estudiantes obtienen conocimientos y aprecio por los esfuerzos y adversidades superadas por la gente de nuestro pasado, el período en el que vivieron y el porqué deben ser recordados en la historia.

El conocimiento es poder. Esperamos que este conjunto de biografías ayude a que los estudiantes de Colorado se den cuenta de la emoción que se siente al aprender historia a través de las biografías.

Se puede obtener información sobre esta serie de cualquiera de estos tres socios:

Filter Press en www.FilterPressBooks.com
Colorado Humanities en www.ColoradoHumanities.org
Escuelas Públicas de Denver en http://curriculum.dpsk12.org

Reconocimientos

Colorado Humanities y las Escuelas Públicas de Denver hacen un reconocimiento a las muchas personas y organizaciones que ha contribuido para hacer realidad la serie Grandes vidas en la Historia de Colorado. Entre ellas se encuentran:

Los maestros que aceptaron el reto de escribir las biografías

Margaret Coval, Directora Ejecutiva de Colorado Humanities

Josephine Jones, Directora de Programas de Colorado Humanities

Betty Jo Brenner, Coordinadora de Programas de Colorado Humanities

Michelle Delgado, Coordinadora de Estudios Sociales para kindergarten a 5º grado, de las Escuelas Públicas de Denver

Elma Ruiz, Coordinadora de Estudios Sociales 2005-2009, para kindergarten a 5º grado, de las Escuelas Públicas de Denver

Joel' Bradley, Coordinador de Proyectos de las Escuelas Públicas de Denver

El equipo de Servicios de Traducción e Interpretación, de la Oficina de Enlaces Multiculturales de las Escuelas Públicas de Denver

Nelson Molina, Preparador/entrenador del programa de Capacitación Profesional de ELA y Persona de Enlace Escolar de las Escuelas Públicas de Denver

John Stansfield, narrador de cuentos, escritor y líder experto del Instituto para maestros

Tom Meier, autor e historiador de los Arapaho

Celinda Reynolds Kaelin, autora y experta en la cultura Ute

National Park Service, Sitio Histórico Nacional Bent's Old Fort

Daniel Blegen, autor y experto en Bent's Fort

Biblioteca de Investigaciones Afroamericanas Blair-Caldwell

Coi Drummond-Gehrig, Departamento de Historia/Genealogía Occidental de la Biblioteca Pública de Denver

Jennifer Vega, Biblioteca Stephen H., de History Colorado

Dr. Bruce Paton, autor y experto Zebulon Pike

Dr. Tom Noel, autor e historiador de Colorado

Susan Marie Frontczak, oradora chautauqua y capacitadora de la Juventud Chautauqua

Mary Jane Bradbury, oradora chautauqua y capacitadora de la Juventud Chautauqua

Dr. James Walsh, orador chautauqua y capacitador de la Juventud Chautauqua

Richard Marold, orador chautauqua y capacitador de la Juventud Chautauqua

Doris McCraw, autora y experta en materia de Helen Hunt Jackson

Kathy Naples, oradora chautauqua y experta en materia de Doc Susie

Tim Brenner, editor

Debra Faulkner, historiadora y archivista, Hotel Brown Palace

Kathleen Esmiol, autora y oradora del Instituto de Maestros Vivian Sheldon Epstein, autora y oradora del Instituto de Maestros

Acknowledgments

Robert Speer

Denver's Building Mayor

Robert Speer

Speer

Denver's Building Mayor

by Stacy Turnbull

Filter Press, LLC
Palmer Lake, Colorado

Robert Speer:
Denver's Building Mayor

by Stacy Turnbull

Published by Filter Press, LLC, in cooperation with
Denver Public Schools and Colorado Humanities

ISBN: 978-0-86541-120-3
LCCN: 2011924860

Produced with the support of Colorado Humanities and the
National Endowment for the Humanities. Any views, findings,
conclusions, or recommendations expressed in this publication
do not necessarily represent those of the National Endowment
for the Humanities or Colorado Humanities.

Courtesy Denver Public Library, Western History Collection,
X-30600

Printed in the United States of America

Great Lives in Colorado History Series

For information on upcoming titles,
contact *info@FilterPressBooks.com*.

Helen Hunt Jackson by E. E. Duncan

Little Raven by Cat DeRose

Barney Ford by Jamie Trumbull

Doc Susie by Penny Cunningham

Enos Mills by Steve Walsh

William Bent by Cheryl Beckwith

Charles Boettcher by Grace Zirkelbach

Ralph Carr by E. E. Duncan

Josephine Aspinwall Roche by Martha Biery

Robert Speer by Stacy Turnbull

Chief Ouray by Steve Walsh

Zebulon Pike by Steve Walsh

Clara Brown by Suzanne Frachetti

Contents

Robert W. Speer (1856–1918) was elected mayor of Denver three times.

A Colorado Cure

Robert Speer was born in Cassville, Pennsylvania, in 1856. When he was 23 years old, he left Pennsylvania to live in Denver. He arrived in Denver thin and pale. He was sick from a disease of the lungs called **tuberculosis**. His illness made him cough. It was hard for him to breathe. He was so sick his doctors thought he would die. During this time, many people with tuberculosis came to Colorado to get better. Speer hoped the cool dry air would cure him.

It was not his first trip to Colorado. The year before, he came to Pueblo with his sister, Margaret. She was also sick with tuberculosis. Her doctors thought that the Colorado air would help her get better. It did not help her. Robert and Margaret went back to Pennsylvania where she died from the disease.

Young Robert did not stay long in Denver when he came back to Colorado. He went to the mountains to work on a ranch. He had just graduated from college and did not know anything about living on a ranch. He spent two hard years working as a cowboy. It was enough time to cure him of tuberculosis. Now, he was healthy and strong. Robert returned to Denver in 1880 to look for a job.

His first job in Denver was working at Daniels and Fisher department store. He sold carpeting. The job paid $8.00 a week. He worked hard and was about to be given a raise when he quit his job to work in **real estate**. He bought and sold land in Denver to make money. Business was good. Many new people were moving to Colorado, and they needed places to live.

Life in Politics

In 1880, Speer decided to run for **public office**. He was elected Denver's **city clerk**. The former city clerk refused to leave because he was angry about losing the election. Speer forced his way into the clerk's office and blocked the door so nobody could get in. The old city clerk wanted his job back. Speer found out that the clerk had done illegal things. He had broken the law and would not be allowed to continue as city clerk, no matter how much he fought to keep the job.

In 1882, Robert Speer went back to Pennsylvania to marry Kate Thrush. Kate and Robert met in college. He saved her life and his sister's when their rowboat tipped over in a river. He rescued Kate and his sister from drowning. He was a hero. After their wedding, Kate and Robert returned to Denver to live.

In 1885, President Grover Cleveland named Speer postmaster of Denver. In his new job, he was in charge of the post office. He was postmaster for six years.

During this time, Colorado lawmakers wanted to make Denver a better place to live. They selected a group of **citizens** to help the police and fire departments. When Speer left his job as postmaster, his next job was to help this group. He helped them keep track of all the **saloons**, **gamblers**, and **con men**. He used this job to raise money and make friends who would later help him in his political career. If people gave money to Speer, he would give them jobs or let them open saloons. If people did favors for Speer, he did favors for them in return. These friends helped him become powerful. Some people thought Speer's ways of gaining power and influence were unfair.

In 1904, Speer ran for mayor. He did not trust that the people of Denver would vote for him.

So he made sure that he would be elected by adding nearly 10,000 fake votes to the ballot box. His enemies said that Speer used the names of people living in other cities to vote for him so he could win the election.

Mayor Speer

When Mayor Speer was elected, Denver was an ugly city. Nobody cared how buildings looked. Many of the buildings in Denver were falling apart. Houses didn't have grass or trees in their yards. The city had few parks. The air was filled with smoke and smelled like farm animals. The air was so unclean that people complained that their laundry became dirty hanging outside to dry. Denver did not have sidewalks, and most streets were **unpaved**. Many people used **outhouses** instead of indoor bathrooms.

Mayor Speer wanted Denver to be a beautiful city. A few years earlier, in 1893, he had visited the **Columbian Exposition** in Chicago. At this fair, people could see what cities of the future might look like. Instead of being ugly places, cities could have beautiful buildings and nice streets. The idea that cities

could be nice places to live in was called the "City Beautiful" concept.

As mayor, Speer made Denver a better place to live. We see many of his good works today. He gave away more than 100,000 trees to anyone who would plant and care for them. He created mountain parks to give citizens a cool place to escape to in summer. He created the first central public library. He was responsible

During his years as mayor, Speer built so many new buildings and parks that people called him "Speer the Builder."

for building Denver's first building to hold large meetings. It was called the Municipal Auditorium. It was large enough for the Democratic Party to come to Denver in 1908 for their national convention.

Mayor Speer was a well-dressed man. He always wore a suit, a bow tie, and a hat. He worried about Denver's citizens being dirty and stinky. When he was mayor, only rich people had running water in their houses.

Mayor Robert W. Speer, President Theodore Roosevelt, and U.S. Senator John F. Shafroth pose together in Denver, Colorado, probably around 1910. President Roosevelt was a frequent visitor in Colorado. He liked to hunt in Colorado's mountains.

He built a **public** bathhouse where people without indoor plumbing could take a bath. He also created a public water and sewer system so more people could have running water and toilets in their houses.

Mayor Speer loved nature. He worried about the animals at City Park Zoo. Many were chained or kept in small cages. He made changes at the zoo so the animals would have open spaces in which to live. Some people thought that he was silly to worry about animals. Speer also wanted Denver to have a modern **natural history** museum. He supported building a large museum and encouraged business leaders in Denver to help pay for it. The Colorado Museum of Natural History opened in 1908. In 2000, the name of the museum was changed to the Denver Museum of Nature and Science. Today, Coloradans still enjoy visiting the museum and zoo.

Mayor Speer and his wife never had children. However, he worked to make life better for children in Denver. One of the first things he did was allow children to play on the grass at the parks. Before, signs that read KEEP OFF THE GRASS were posted in parks. He created more parks and playgrounds. If the parks had lakes, he added sandy beaches and boats. Denver had some of the best playgrounds for children anywhere in the country.

Speer served as mayor for eight years. In 1912, he decided not to run again for mayor because people were unhappy with him. However, the three mayors after him were also unpopular with the people of Denver. Speer decided to run again for mayor in 1916. Many newspapers printed stories against his reelection. The newspaper editors did not want him to be mayor again. Many businessmen and citizens thought that he was not the best choice for the mayor of the city. Nevertheless, in 1916, he won a third term as mayor.

Mayor Speer loved being in politics. Perhaps he is campaigning or leading a parade in this photograph with other city leaders.

In 1918, people all over the world died from the flu. Nearly 675,000 Americans died. Thousands of people in Denver died. On May 14, 1918, Robert Speer died from the flu. He was 62 years old. The city was sad about his death. Ten thousand people attended his funeral. His wife, Kate, lived until 1956. She died at the age of 96.

Today, we still see Mayor Speer's work. We play in the many parks he created. We enjoy

many beautiful trees that he provided for planting. We see his work when we drive down Speer Boulevard and when we visit the Denver Museum of Nature and Science in City Park. Next time you are in downtown Denver, visit another of Mayor Speer's creations—Civic Center Park. Mayor Speer died more than 90 years ago, but what he did is important to the city of Denver today.

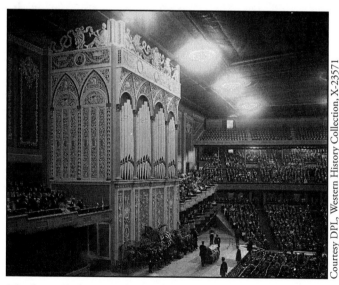

The funeral of Mayor Robert Speer was held at the Denver Municipal Auditorium. The auditorium was built in 1908 while Speer was mayor. Ten thousand citizens attended his funeral.

Questions to Think About

- What lung disease did Robert Speer overcome as a young man?

- Where did Robert Speer learn about the City Beautiful concept?

- Why did Robert Speer say people in Denver were stinky and dirty?

- How did Robert Speer make Denver a better place to live?

Questions for Young Chautauquans

- Why am I (or should I be) remembered in history?

- What hardships did I face and how did I overcome them?

- What is my historical context (what else was going on in my time)?

Glossary

Citizens: people who live in cities, towns, states, or countries.

City clerk: record keeper and secretary for a city.

Columbian Exposition: national celebration held in 1893 to mark the 400th anniversary of the discovery of America by Christopher Columbus. It was also called the Chicago World's Fair.

Con men: people who steal others people's money by tricking them.

Gamblers: people who bet money on games or contests.

Natural history: study of nature, especially plants and animals.

Outhouses: bathrooms located outside homes that do not have running water.

Public: built for or used by all the people in a community.

Public office: job held by a person who works for the people.

Real estate: land and the buildings on it.

Saloons: places where men went to drink alcoholic drinks such as beer.

Tuberculosis: disease that affects the lungs. Before modern medicine, people often died from it.

Unpaved: without pavement; a dirt road.

Timeline

1856
Robert Speer was born in Cassville, Pennsylvania.

1858
Denver became a city.

1876
Colorado became the 38th state.

1877
Speer visited Colorado with his sister.

1878
Speer moved to Colorado.

1880
Speer was elected Denver's city clerk.

1882
Speer married Kate Thrush.

1885
Speer was appointed Denver's postmaster.

1904
Speer was elected mayor of Denver. He served two terms.

1916
Speer was elected mayor for a third term.

1918
Robert Speer died from the flu.

Bibliography

Flynn, Kevin. "Colorado Milestones: Speer's Stamp Indelible." *Rocky Mountain News,* February 22, 1999.

Johnson, Charles A. *Denver's Mayor Speer*. Denver: Bighorn Books, 1969.

Mills, W.F.R. "The Story of Mayor Speer." *Municipal Facts*. May 1918.

Noel, Thomas J. *Denver, The City Beautiful and Its Architects 1893–1941*. Denver: Denver Historical Society, 1987.

Rohe, Alice. "Mayor Robert W. Speer of Denver." *Human Life*. Vol. VII, no. 4, January 1909.

Index

About This Series

In 2008, Colorado Humanities and Denver Public Schools' Social Studies Department began a partnership to bring Colorado Humanities' Young Chautauqua program to DPS and to create a series of biographies of Colorado historical figures written by teachers for young readers. The project was called "Writing Biographies for Young People." Filter Press joined the effort to publish the biographies in 2010.

Teachers attended workshops, learned from Colorado Humanities Chautauqua speakers and authors, and toured three major libraries in Denver: The Hart Library at History Colorado, the Western History/Genealogy Department in the Denver Public Library, and the Blair-Caldwell African American Research Library. Their goal was to write biographies using the same skills we ask of students: identify and locate high-quality sources for research, document those sources, and choose appropriate information from the resources.

What you hold in your hands now is the culmination of these teachers' efforts. With this set of age-appropriate biographies, students will be able to read and research on their own, learning valuable skills of research and writing at a young age. As they read each biography, students gain knowledge and appreciation of the struggles and hardships overcome by people from our past, the time period in which they lived, and why they should be remembered in history.

Knowledge is power. We hope this set of biographies will help Colorado students know the excitement of learning history through biography.

Information about the series can be obtained from any of the three partners:

Filter Press at www.FilterPressBooks.com

Colorado Humanities at www.ColoradoHumanities.org

Denver Public Schools at http://curriculum.dpsk12.org

Acknowledgments

Colorado Humanities and Denver Public Schools acknowledge the many contributors to the Great Lives in Colorado History series. Among them are the following:

The teachers who accepted the challenge of writing the biographies

Margaret Coval, Executive Director, Colorado Humanities

Josephine Jones, Director of Programs, Colorado Humanities

Betty Jo Brenner, Program Coordinator, Colorado Humanities

Michelle Delgado, K–5 Social Studies Coordinator, Denver Public Schools

Elma Ruiz, K–5 Social Studies Coordinator, Denver Public Schools, 2005–2009

Joel' Bradley, Project Coordinator, Denver Public Schools

Translation and Interpretation Services Team, Multicultural Outreach Office, Denver Public Schools

Nelson Molina, ELA Professional Development Trainer/Coach and School Liaison, Denver Public Schools

John Stansfield, storyteller, writer, and Teacher Institute lead scholar

Tom Meier, author and Arapaho historian

Celinda Reynolds Kaelin, author and Ute culture
    expert
National Park Service, Bent's Old Fort National
    Historic Site
Daniel Blegen, author and Bent's Fort expert
Blair-Caldwell African American Research Library
Coi Drummond-Gehrig, Denver Public Library,
    Western History/Genealogy Department
Jennifer Vega, Stephen H. Hart Library, History
    Colorado
Dr. Bruce Paton, author and Zebulon Pike expert
Dr. Tom Noel, author and Colorado historian
Susan Marie Frontczak, Chautauqua speaker and
    Young Chautauqua coach
Mary Jane Bradbury, Chautauqua speaker and Young
    Chautauqua coach
Dr. James Walsh, Chautauqua speaker and Young
    Chautauqua coach
Richard Marold, Chautauqua speaker and Young
    Chautauqua coach
Doris McCraw, author and Helen Hunt Jackson
    subject expert
Kathy Naples, Chautauqua speaker and Doc Susie
    subject expert
Tim Brenner, editor
Debra Faulkner, historian and archivist, Brown Palace
    Hotel
Kathleen Esmiol, author and Teacher Institute speaker
Vivian Sheldon Epstein, author and Teacher Institute
    speaker